BEI GRIN MACHT SICH IHR WISSEN BEZAHLT

- Wir veröffentlichen Ihre Hausarbeit, Bachelor- und Masterarbeit

- Ihr eigenes eBook und Buch - weltweit in allen wichtigen Shops

- Verdienen Sie an jedem Verkauf

Jetzt bei www.GRIN.com hochladen und kostenlos publizieren

Bibliografische Information der Deutschen Nationalbibliothek:

Die Deutsche Bibliothek verzeichnet diese Publikation in der Deutschen Nationalbibliografie; detaillierte bibliografische Daten sind im Internet über http://dnb.d-nb.de/ abrufbar.

Dieses Werk sowie alle darin enthaltenen einzelnen Beiträge und Abbildungen sind urheberrechtlich geschützt. Jede Verwertung, die nicht ausdrücklich vom Urheberrechtsschutz zugelassen ist, bedarf der vorherigen Zustimmung des Verlages. Das gilt insbesondere für Vervielfältigungen, Bearbeitungen, Übersetzungen, Mikroverfilmungen, Auswertungen durch Datenbanken und für die Einspeicherung und Verarbeitung in elektronische Systeme. Alle Rechte, auch die des auszugsweisen Nachdrucks, der fotomechanischen Wiedergabe (einschließlich Mikrokopie) sowie der Auswertung durch Datenbanken oder ähnliche Einrichtungen, vorbehalten.

Impressum:

Copyright © 2017 GRIN Verlag, Open Publishing GmbH
Druck und Bindung: Books on Demand GmbH, Norderstedt Germany
ISBN: 9783668509986

Dieses Buch bei GRIN:

http://www.grin.com/de/e-book/372040/therapeutische-geschichten-bei-der-heilpaedagogischen-begleitung-von-kindern

Kathrin Rothbächer

Therapeutische Geschichten bei der heilpädagogischen Begleitung von Kindern

Ein kurzer Überblick

GRIN Verlag

GRIN - Your knowledge has value

Der GRIN Verlag publiziert seit 1998 wissenschaftliche Arbeiten von Studenten, Hochschullehrern und anderen Akademikern als eBook und gedrucktes Buch. Die Verlagswebsite www.grin.com ist die ideale Plattform zur Veröffentlichung von Hausarbeiten, Abschlussarbeiten, wissenschaftlichen Aufsätzen, Dissertationen und Fachbüchern.

Besuchen Sie uns im Internet:

http://www.grin.com/

http://www.facebook.com/grincom

http://www.twitter.com/grin_com

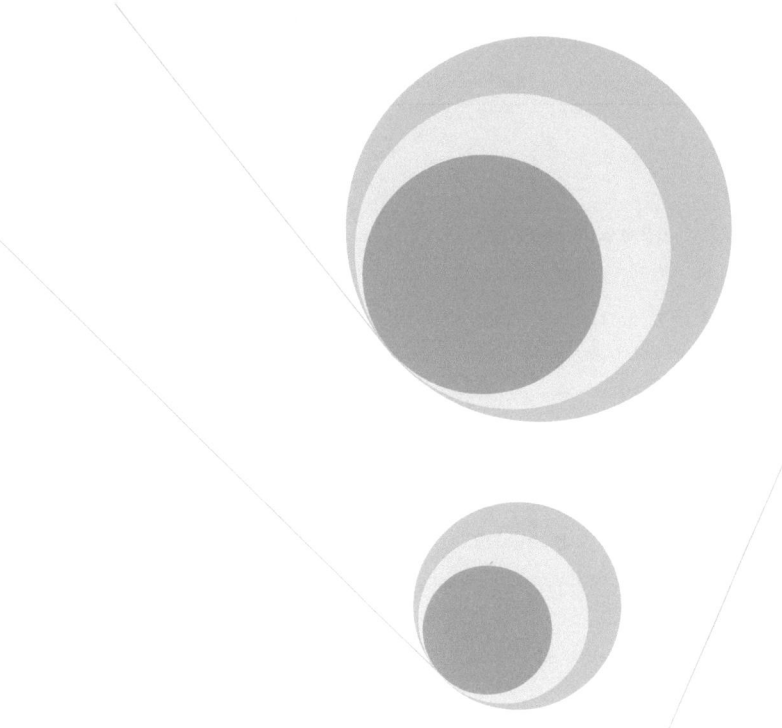

Therapeutische Geschichten

Leistungsnachweis im Fach
Heilpädagogische
Spielbehandlung am 28.04.2017
von Kathrin Rothbächer

Inhalt

Einleitung 3

Funktion therapeutischer Geschichten 3

Konstruktion von therapeutischen Geschichten 4

Aufbau 4

Strukturmerkmale 5

    1. Pacing: 5

    2. Leading: meint eine Beschreibung von Lösungsmöglichkeiten, ... 5

    3. Alltagswelt und magische Welt: 5

    4. Der Held und seine Helfer: 6

    5. Suchprozesse auslösen: 7

Einsatz therapeutischer Geschichten im heilpädagogischen Kontext 7

Gruppenarbeit 8

Quellen- und Literaturangaben: 9

Einleitung

„Geschichten und Kinder sind wie Speck und Bratkartoffeln – sie passen einfach zusammen. Auf der ganzen Welt, in Myriaden von verschiedenen Kulturen und Lebensstilen, hat Geschichtenerzählen Kinder mit weit geöffneten Augen fasziniert zuhören lassen."
(Brett, 2000, S.10)

Funktion therapeutischer Geschichten

Kinder hören gerne Geschichten über Menschen oder Tiere, die ihnen ähnlich sind. Dies kann man nutzen, um den Kindern Lösungsmöglichkeiten für bestimmte Lebens- und Entwicklungsaufgaben anzubieten.

In der spieltherapeutischen Arbeit mit Kindern haben Geschichten folgende Funktionen:

- Stellen menschliche Konfliktsituationen dar und beschreiben Lösungsmöglichkeiten bzw. vergleichen die Konsequenzen verschiedener möglicher Lösungen
- Die Kinder können sich in der Fantasie mit möglichen Lösungen auseinander setzen und diese probieren
- Gleichzeitig bieten sie genügend Spielraum sich abzugrenzen. Die Geschichten handeln von anderen Kindern, anderen Menschen oder Fantasiewesen. Dies ermöglicht den Kindern zuzuhören, Lösungsmöglichkeiten abzuwägen, ohne dass direkt über sie und ihre eigenen Probleme gesprochen wird. Diese Distanz ermöglicht es ihnen sich in ihrem eigenen Tempo der Konfrontation mit einem persönlichen Thema anzunähern.
- Geschichten haben einen hohen Aufforderungscharakter, sind faszinierend und gut zu merken. Dadurch können die Inhalte im Alltag leichter abgerufen werden.
- Das wiederholte Hören und Erinnern hilft das Problem aus neuen Perspektiven zu betrachten und gibt Sicherheit
- Durch die Handlung in der Fantasiewelt unterstützen sie die Entwicklung fantasievoller Lösungsalternativen
(vgl. Weiss, 2008, S141)
- Sie bringen das Kind mit abgewehrten Gefühlen in Kontakt, Z.B Angst, Wut, Traurigkeit
- Bringen es mit seinen Ressourcen in Verbindung

- Hintergründe und Zusammenhänge einer Situation werden gefühlsmäßig verstehbar gemacht
- Geben ihm das Gefühl mit seinem Problem nicht der Einzige auf der Welt zu sein

(vgl. Weinberger, 2007, S. 152)

Konstruktion von therapeutischen Geschichten

Therapeutische Geschichten sind umso wirksamer je individueller sie auf das jeweilige Kind zugeschnitten sind. Vorgefertigte Geschichten können als Vorlage und Ideenpool dienen und an die jeweilige Situation des Kindes angepasst werden. Einfache, schematische Erzählgerüste können helfen schnell Geschichten zu entwickeln und sie spontan in den Stundenverlauf einzubetten.

Um einen Geschichte für ein Kind zu entwickeln ist es hilfreich sich seine Welt hineinzuversetzen. Dazu können Interviewfragen dienen zum Beispiel nach den Lieblingstieren, Farben, Musik, Geschichten, Filmen Schauspielern, Comics, Sport etc. (vgl. Weiss, 2008, S.141)

„Einen Fußballbegeisterten Jungen erreichen wir mit Feenmärchen weiger als mit einer Geschichte über „das Tor in der letzten Minute"."

(Weiss, 2008, S. 143)

Häufig sprechen Kinder auch im Rahmen der Therapie von selbst über solche Themen. Darüber hinaus ist es auch hilfreich gezielt nach Ressourcen und besonderen Talenten zu fragen.

Aufbau

Einfach aufgebaut kann die Struktur folgendermaßen aussehen:

Ein dem betreffenden Kind in Alter, Geschlecht und Problematik ähnliches Kind erlebt ein Abenteuer oder auch ein Alltagsabenteuer und schafft es die daraus erfolgreich hervor zu gehen.

Beispiele: In einer brenzligen Situation bei einem Fußballspiel doch noch ein Tor schießen, auf dem Spielplatz ausgegrenzt sein und doch noch Freunde finden, einen beängstigenden Weg (z. B, zur Bäckerei) erfolgreich bewältigen.

Strukturmerkmale:

1. Pacing:
   Das Problem, Ängste und Schwierigkeiten des Kindes werden genau umschrieben, so wie das jeweilige Kind sie kennt und wahrnimmt. Ziel ist es, dass das Kind sich verstanden fühlt und spürt, dass auch andere diese Probleme haben. Auch eine Würdigung des Problems oder der Symptome kann im Pacing enthalten sein. Zum Beispiel: Das ängstliche Kind ist umsichtig und vorsichtig. Die guten Seiten werden hier hervorgehoben.
2. Leading: meint eine Beschreibung von Lösungsmöglichkeiten, orientiert an den Zielen die das Kind für sich selber hat. Es kann ein inneres Bild von der Lösung entwickelt werden.(vgl. Weiss, 2008, S.142)
   Die Lösung und der Weg zur Lösung sollten möglichst konkret sein und sich auf das jeweilige Denken des Kindes beziehen (Bsp. Kind in der magischen Phase wird am besten über „magische Lösungen" angesprochen, wie eine „Monstertaschenlampe oder ähnliches. (vgl. Brett, 2006, S. 27f)
3. Alltagswelt und magische Welt:
   Grundsätzlich kann man sich, je nach Abstraktionsabsicht entscheiden, ob die Geschichte in der Alltagswelt oder in einer magischen Welt stattfinden soll.
   In komplexeren Geschichten existieren auch zwei Elten nebeneinander.
   In der Alltagswelt entsteht das Problem, der Konflikt oder die sozialen Nöten, für die eine Lösung gefunden werden muss. In der magischen Welt gibt es Wesen, die mit besonderen, magischen Fähigkeiten ausgestattet sind, wie zu Beispiel Hexen, Feen Zauberer Zwerge, Riesen, sprechende Tiere, Pflanzen und Steine. In dieser Welt passieren Wunder und Verwandlungen.
   Der Held der Geschichte wechselt dann zwischen der Alltagswelt und der anderen Welt. Wenn er seine Aufgaben gelöst hat oder Prüfungen bestanden hat, kehrt er in die Alltagswelt zurück und profitiert dann von dort erworbenen Fähigkeiten, Eigenschaften, Erkenntnissen oder mitgebrachten Geschenken.
   Die Zauberwelt bekommt so Einfluss auf die Alltagswelt.

Der Held hat sich durch das Erlebte weiter entwickelt und kann jetzt Lösungen für das eigene Leben finden, die ihm zuvor so nicht möglich gewesen wären.
Beispiele sind hier: Die unendliche Geschichte, Harry Potter oder Der Herr der Ringe.
Kinder können auf diese Weise Hoffnung, Zuversicht und den Glauben daran, dass sich auch an aussichtslosen Situationen etwas ändern lässt, entwickeln. (vgl. Weiss, 2008, S.143)

4. Der Held und seine Helfer:

Die wichtigste Person in der Geschichte ist der Protagonist:

- Er hat einen individuellen, persönlichen Charakter, der an dem des Kindes angelehnt ist. Unter Berücksichtigung der Informationen, die über das Kind zur Verfügung stehen.: Persönlliche Wesenszuge, Eigenschaften, Vorlieben, Konflikte und Probleme
- Je nach Entwicklungsstand des Kindes kann er ein Comic oder Filmheld sein, ein ganz normales Kind, oder ein Tier mit entsprechenden Eigenschaften
- Häufig gelingt ihm etwas, womit er nicht nur seine eigenen Probleme löst, sondern auch anderen, seiner Familie oder seinem Volk hilft
- Der Held muss Hindernisse überwinden und Prüfungen bestehen, die möglichst denen im realen Leben des Kindes entsprechen. Es kann zu Rückschlägen und unerwarteten Katastrophen kommen und zwischendurch kann es so aussehen als sei die Situation aussichtslos.
- Auf dem Rückweg ist die neue Realität schön spürbar, die neuen Fähigkeiten zeigen schon Wirkung
- Zuhause angekommen werden seine neuen Fähigkeiten geschätzt und bemerkt. Vielleicht wird ein Fest gefeiert. Mit neuem Selbstbewusstsein und gestärkt von den Ereignissen geht der Held aus den Prüfungen hervor

Helfer:

Helfer könne magische Figuren wie Zauberer, Riesen, Drachen, Feen sein aber auch ganz normale Menschen. Der nette Nachbar, der Großvater etc.

- Sie verfügen evtl. über besondere Kräfte und tauchen auf, wenn die Situation aussichtslos erscheint
- Sie wissen vielleicht wo Wasser und Nahrung gefunden werden kann, wie ein Zauber wirkt oder wie man einen Fluch brechen kann.
Sie sind weise und können den entscheidenden Rat geben.
Aber: Sie beraten nur. Der Held muss die Taten selbst vollbringen

- Sie stehen als Symbol für die Ressourcen, die Summe der Erfahrungen, die innere Stimme des Helden. (vgl. Weiss, 2008, S.144f)
5. Suchprozesse auslösen:
   Die Geschichte muss für das Kind nicht die eine passende Lösung enthalten. Vielmehr soll sie Suchprozesse auslösen und die Hoffnung auf die Möglichkeit einer Lösung stärken. Auch Reaktionen wie „ich würde das ganz anders machen", oder „mir könnte das so nicht passieren, sind hilfreich und können die Auseinandersetzung mit dem Problem und die Entwicklung einer Lösung fördern.
   Deshalb sollte man die Lösung, die die Geschichte bietet mit dem Kind auch nicht automatisch erklärend besprechen. Will das Kind aber von sich aus darüber sprechen, wird deutlich was es in der Geschichte angesprochen und was es für sich herausgezogen hat. (vgl. Weiss, 2008, S.147)

Einsatz therapeutischer Geschichten im heilpädagogischen Kontext
- Können genau vorbereitet werden oder spontan eingesetzt werden
- Als Hörgeschichte aufnehmen und mit nach Hause geben- So kann die Geschichte wiederholt angehört werden und die Botschaften haben Zeit sich zu entfalten
- Geschichte aufschreiben und zum daheim Lesen mit nach Hause geben
- Es ist in Ordnung wenn die Kinder beim Zuhören nebenbei malen, kritzeln oder z.B. in einer Hängematte schaukeln-Das Zuhören geschieht dann mehr intuitiv
- Geschichten können durch Bilder ergänzt werden: hier geht es weniger um die Illustration im Sinne eines „Bilderbuches", sondern mehr darum einen Zielzustand zu visualisieren und so die Lösung zu verankern.
  Z. B. ein Kind das sich traut zu schaukeln , oder auf einer Mauer balanciert. Solche visuelle Anker erreichen Kinder oft sehr direkt.
  (vgl. Weiss, 2008, S.149)
- Gemeinsames Erzählen: Einer beginnt, der andere führt die Geschichte weiter Zum Beispiel: man beginnt eine Geschichte zu erzählen, die man für das Kind erfunden hat. Wenn der Protagonist in große Schwierigkeiten kommt, tritt die Lieblingsfigur des Kindes z.B. Spiderman auf den Plan. Ab hier lässt man das Kind die Geschichte zu Ende erzählen
  (vgl. Seiner/ Berg, 2003, S. 115)
  Oder: eine „Erzählkiste" mit schön geformten Steinen, Bildern, Fotos, Muscheln

Gruppenarbeit:

Im Anschluss an die theoretischen Grundlagen, möchte ich die Gruppe bitten sich nun selbst an der Entwicklung einer Geschichte zu versuchen. Ich bitte die Teilnehmer sich je nach Gruppengröße in zwei bis drei Kleingruppen zusammen zu tun. Einer der Teilnehmer soll nun einen Fall aus der Praxis einbringen, anhand dessen sich die Gruppe nun eine therapeutische Geschichte für dieses konkrete Kind ausdenkt.

Als Hilfestellung teile ich die für die Bearbeitung hilfreichen Inhalte meiner Power Point für jede Gruppe als Handreichung aus.

Leitfragen sind hier:

Was ist das Problem des Kindes?
Welche Botschaft soll die Geschichte haben?
Welches Bewältigungsmodell/Lösung könnte hilfreich sein?
Welche Stärken und Ressourcen hat das Kind?
In welcher Entwicklungsphase befindet sich das Kind? (magische Phase?)
Welches Sprachniveau ist für das Kind geeignet?

Wenn noch genügend Zeit bleibt, bitte ich die einzelnen Gruppen, am Ende ihre Geschichte vorzulesen.

Quellen- und Literaturangaben:

Weiss, Gabriele: /Simon, Traudel	„Heilpädagogische Spieltherapie" Klett-Cotta, Stuttgart, 2008
Steiner, Therese/ Berg, Insoo Kim:	„Handbuch Lösungsorientiertes Arbeiten mit Kindern" Carl- Auer- Systeme Verlag, Heidelberg, 2005
Weinberger, Sabine:	„Kindern spielend helfen- Eine personenzentrierte Lern- und Praxisanleitung" Juventa- Verlag, Weinheim und München, 2007, 3. ergänzte Auflage
Brett, Doris:	„Anna zähmt die Monster" Verlag Iskopress, Salzhausen, 2000, 6. Auflage

BEI GRIN MACHT SICH IHR WISSEN BEZAHLT

- Wir veröffentlichen Ihre Hausarbeit, Bachelor- und Masterarbeit

- Ihr eigenes eBook und Buch - weltweit in allen wichtigen Shops

- Verdienen Sie an jedem Verkauf

Jetzt bei www.GRIN.com hochladen und kostenlos publizieren